Leo con

ESPASA

Este libro es de:

ADAR

©Disney

I LIKE...

Título del original inglés:
PUPPIES!

Traducido por:
GUILLERMO SOLANA

© 1998. Helen Exley.
© 1998. Ilustraciones: María Teresa Meloni
© 1998. De la traducción, EDITORIAL EDAF, S. A.
© 1998. EDITORIAL EDAF, S. A.
Para la edición en español de acuerdo con EXLEY PUBLICATIONS, Ltd. Watford, Herts (U.K.).

Dirección en Internet: http://www.arrakis.es/~edaf
Correo electrónico: edaf@arrakis.es

A la Signora Anna Bargellini, mi abuela, por toda su ayuda en la realización de este libro. Maria.

Han sido respetados todos los derechos de los autores.

Agradecimientos: Graitud muy especial a todos los que proporcionaron los «modelos» para este libro, en especial: Lagniappe Labrador, Springfield, Virginia; Brandy Station, Midland, Virginia; S.R.O. Lhasa Apsos, Reading, Pennsylvania; M.P.K., Sams, Westminster, Maryland; Siberian Husky, Mary Anne Posch, (301) 797-0993; Apple Blossom Beagles, Pottstown, Pennsylvania, todos en los Estados Unidos. Los editores manifiestan su agradecimiento por la autorización de reproducir textos con copyright. Aunque han realizado todo género de esfuerzos para localizar a los propietarios, les agradería saber de aquellos que no se mencionan aquí. Celia Haddon: *Faithful to the End.* © 1991 de Celia Haddon, publicado por Hodder Headline Publishing plc. Mary McGrory: de la columna de Mary McGrory, © 1990 Universal Press Syndicate. Adrian Mitchell: «To My Dog» © Adrian Mitchell. Accesible en *Balloon Lagoon* (Orchard Books 1997). Reproducido con autorización de The Peters Fraser and Dunlop Group Ltd en nombre de Adrian Mitchell. Educational Health Warning Adrian Mitchell solicita que sus poemas no sean empleados en relación con ningún tipo de exámenes. Ogden Nash: «Please Pass the Biscuit», publicado por Little, Brown and Co. Inc. Dorothy Parker: «Toward the Dog Days», de *Here Are Dogs,* © 1931 de Dorothy Parker.

No está permitida la reproducción total o parcial de este libro, ni su tratamiento informático, ni la transmisión de ninguna forma o por cualquier medio, ya sea electrónico, mecánico, por fotocopia, por registro u otros métodos, sin el permiso previo y por escrito de los titulares del Copyright.

ISBN: 84-414-0441-0
PRINTED IN CHINA/IMPRESO EN CHINA

PERRITOS

Editado por Helen Exley

Ilustraciones de María Teresa Meloni

MADRID

«SE VENDEN CACHORROS»

«Algunas tardes son mágicas…»
Y otro tanto sucede con los cachorros y las personas.
Una masa bulliciosa de pequeños cachorros que
ladran y saltan. Uno destaca como una estrella.
Tu cachorro.

* * *

Elige, te dicen, al más vivaz, al más osado,
al más inteligente.
¿Pero quién es ése del fondo, todo pelo, ojos
y desesperación?
Deseoso de que te fijes en él.
Deseoso de que lo lleves a tu casa.

PAM BROWN

❤ *Amor* ❤

*U*n perro tiene un objetivo en la vida.

Entregarte su corazón.

J. R. ACKERLEY

*U*n anuncio en el tablero: Se venden

cachorros: el único amor que es posible comprar.

*D*ale a un cachorro un hogar y un poco de cariño

y él te entregará para siempre su corazón.

PAM BROWN

Con el corazón abrumado durante horas enteras, aprovaché el primer instante de soledad para llorar amargamente. De repente, una cabecita peluda asomó tras mi almohada y se pegó contra mi cara, frotó sus orejas y su morro en respuesta a mi agitación y secó mis lágrimas cuando asomaron.

ELIZABETH BARRETT BROWNING

Compra un perro y a cambio de tu dinero conseguirás un cariño firme.

RUDYARD KIPLING

El pequeño, el de paso tan inseguro,

que has de llevar en brazos,

envuelto en tu jersey, el que te

cuesta una fortuna en facturas del

veterinario. El que vomita en el coche.

El que se aterra cada vez que llaman

a la puerta, y se metería

bajo la cama si apareciese un ladrón.

Con ése te quedarás.

CHARLOTTE GRAY

CONFIANZA

No tenemos que ganar su confianza ni su amistad; ha nacido amigo nuestro; todavía cerrados sus ojos, cree ya en nosotros; incluso antes de nacer, se ha entregado al hombre.

MAURICE MAETERLINCK,
DE *MI PERRO*

Un perro te perdonará más deprisa que cualquier ser humano.

PETER GRAY

¡Ha llegado el perrito! Viene a llenar el vacío que dejaron amigos falsos y de corazón mezquino. Veo ya que carece de envidia, odio o malicia, que no traicionará ningún secreto, y que no sentirá dolor ante mi éxito ni placer ante mi pesar.

GEORGE ELIOT (MARY ANN EVANS)

Un perro cree que eres lo que piensas que eres.

JANE SWAN,
DE *CITAS SOBRE PERROS*

« ¡QUIÉREME, POR FAVOR!»

Cualquier perro tiene algo que pedir a todos
los seres humanos. Queredme.

HELEN EXLEY

Cuando un gato conoce a sus nuevos dueños
se pregunta si sabrán rascarle tras las orejas y si
será buena la comida.
Un perro dice: «Te quiero. Por favor, por favor,
por favor, quiéreme tú también.»

PAMELA DUGDALE

MELOHI

La felicidad es un cachorro cariñoso.

CHARLES SCHULZ

Llegas a casa. El cachorro
se lanza hacia ti. «¿Dónde
has estado? Tardaste mucho. Te echaba
de menos, te echaba de menos,
te echaba de menos. Te quiero,
te quiero, te quiero ¿Qué hay
en la bolsa? ¿Algo para mí? Deja que
te lama la oreja. Deja que mordisquee
tus guantes. ¡Estás en CASA!»

PAM BROWN,
DE *CITAS SOBRE PERROS*

Un perro que corre satisfecho de vivir
es la felicidad personificada.

PETER GRAY

Charquitos, mascaduras, contorsiones...
¡UN PEQUEÑO ENGORRO!

La ambición de Montmorency en la vida es estorbar y ser reprendido. Si consigue llegar a un sitio en donde no sea especialmente bien acogido... considera que no ha perdido el día.

JEROME K. JEROME

Cualquier perro bañado considera deber inexcusable ensuciarse tan pronto como sea posible.

CLARA ORTEGA

Quien ignora a qué sabe el jabón es que jamás bañó a un perro.

FRANKLIN P. JONES

No hay nada tan húmedo como un perro húmedo.

JENNY DE VRIES,
DE *CITAS SOBRE PERROS*

Una puerta es aquello junto a lo que
perpetuamente se encuentra un perro
en el lado que no debiera.

OGDEN NASH

Por grande que sea la casa, un cachorro
siempre estará estorbando.

PAMELA DUGDALE

Lo malo de un cachorro muy feliz
es que gotea.

CHARLOTTE GRAY

¡TODO PATAS Y PIEL!

*Siempre parece haber más piel en un
cachorro de la que posiblemente necesite.*

* * *

*Un cachorro no sabe qué hacer
con tantas patas.*

* * *

*Los cachorros se asemejan a niños
pequeños cuyas madres les hubieran
comprado prendas una o dos tallas mayores.
Pensando en cuando crezcan.*

MAYA V. PATEL

¡Tontos, ingenuos y adorables!

Uno puede enseñar a su perrito una estricta
disciplina. «A tu cesta»,
dice el amo con su voz más adusta.
Y el cachorro obedece.
Se mete en la cesta,
con el rabo entre las patas,
da una o dos vueltas y luego salta,
sonriendo de oreja a oreja,
y se agita a la búsqueda de una caricia.
Un perro virtuoso y obediente.

* * *

*T*odo cachorro está convencido de que hay algo completamente delicioso dentro de una pelota de goma.

* * *

*C*erca tu jardín, tapa todos los huecos con madera y alambre. Dispersa juguetes por el césped. Y al cabo de un rato el vecino llamará a tu puerta con un alegre cachorro retorciéndose entre sus brazos.

* * *

*U*n cachorro criado en una familia cariñosa cree que el mundo entero es encantador y que todos adoran a los perros pequeños, inquietos y lamedores.

PAM BROWN

¡Inocente!

No hay nada tan solemnemente inocente
como un cachorro.

CLARA ORTEGA

Existen cachorros tan lerdos que uno
se pregunta si conviene criarlos. Pero sonríen
satisfechos, vacían su cuenco de comida
y se afanan felices tras sus hermanos.
Y son los primeros en ser elegidos
por los que acuden a comprar un perro.

PETER GRAY

TRAGONES

Resuena la lata de las galletas y ya tienes
amigos para toda la vida.
Se sientan, te observan con ojos muy
serios y, si no lo has entendido, te ladran.

JANINE CHUBB, 10 años

Un cachorro puede oler la cena
a través de dobles ventanas y
pesadas puertas de roble.
Y un guiso a través de ladrillos
y de hormigón.

PAMELA DUGDALE

Un perro desea afecto
más que su comida.
Bueno..., casi.

CHARLOTTE GRAY

Un cachorro saciado es una piel peluda
tan rellena que parece correr peligro
inminente de estallar.
«Más tenso que el parche de un tambor»
es una expresión totalmente inadecuada.
Habría que decir:
«Más tenso que la tripa de un cachorro.»

MAYA V. PATEL

UN REVUELTO DE CACHORROS

¿Cómo podríamos llamarlo?...
¿Un montón de cachorros?
¿Un revuelto de cachorros?
Un hatajo, un empellón, un lío de
cachorros? Unos cachorros
amodorrados y tendidos.
Unos cachorros totalmente fuera de
este mundo.
Y todos reuniendo energías
para convertirse luego en una carrera, una
zambullida, una estampida de cachorros .

CLARA ORTEGA

AL SERVICIO DE LOS SERES HUMANOS

Un niño llega a creer en sí mismo gracias a la confianza que en él reflejan los ojos de su cachorro.

MARGOT THOMSON

Los cachorros son el remedio natural a la ausencia de cariño... y a muchos otros achaques de la vida.

RICHARD ALLAN PALM,
DE *MARTHA, PRINCESS OF DIAMONDS,* 1963

Si el médico insiste en que tiene que hacer ejercicio, compre un cachorro.
Él se encargará de todo el tratamiento.

JENNY DE VRIES

Adquirir un animal doméstico es asumir
años de asistencia y de compañía, sabiendo
que la separación resultará inevitable.
Y así aprendemos a vivir plenamente,
a disfrutar de cada instante.

* * *

Un cachorro, aún tan pequeño, puede enseñar
a un niño a ponerse en la piel de otro,
a ver el mundo a través de ojos diferentes,
a cuidar de alguien que no sea él.

PAM BROWN

«¡ÉSTE ES EL QUE MANDA!»

La mayoría de los dueños de perros llegan por fin
a comprender que tienen que obedecer al suyo.

ROBERT MORLEY

Su nombre es *Daisy*... No es el que
yo hubiera elegido; pero así se llamaba
cuando me llegó, el mismo día
en que de inmediato se encargó
de dominar toda mi vida.

DOROTHY PARKER

¡EL PEQUEÑO PAYASO!

Un cachorro que resbala sobre un suelo encerado
es Disney en estado puro.

PETER GRAY

El perro fue especialmente creado para los niños.
Es el dios de las travesuras.

HENRY WARD BEECHER

¿Por qué siempre se enredan en un árbol
los cachorros con correa?

PAMELA DUGDALE

Es sencillamente cuestión de que
mis piernas vayan una tras otra
al mismo tiempo
y llegaré hasta allí...

* * *

Éste es el cachorro que se empeñará en deshacer
un guante. En destrozar un zapato.
En hacer trizas un rollo de papel higiénico
y en correr un kilómetro si ve a un ratón.

PAM BROWN

... *Foss* asumió muy en serio esta antigua responsabilidad. Solía perseguir a los aviones, corriendo por el jardín y ladrándoles hasta que desaparecían. Luego regresaba, jadeante, con una expresión de satisfacción por la tarea bien hecha.

CELIA HADDON,
DE *FAITHFUL TO THE END*

«MINITIBURONES»

Dentro de casa, tomó la costumbre de devorar sofás;
el hábito se convirtió muy pronto en una auténtica
adicción. Proporcione a ese perro un sofá corriente,
como el que le venderían en cualquier tienda de
muebles, y lo transformará en toda una comida.
Si ya no le quedan sofás, se resignará
filosóficamente con lo que haya
—su carácter es desde luego excelente— y devorará
un sillón tapizado con cretona. Recuerdo que en
uno de sus merodeos encontró las obras de Dickens,
de la edición con ilustraciones de Cruikshank,
y fueron su almuerzo de aquel día.

DOROTHY PARKER,
DE *TOWARD THE DOG DAYS*

Un cachorro aprende muy pronto a traerte las zapatillas.
Lo que quede.

MARGOT THOMSON

El cachorro que come almohadones, zapatillas y
ovillos de lana crece hasta convertirse en un animal
más tranquilo y juicioso. Un animal que te quiere
con todo su corazón. Y te trae regalos.
Conejos medio podridos.
Ramas caídas
¡Y el asado dominical de los vecinos!

PETER GRAY

Los cachorros se quedan dormidos
de repente, tendidos en cualquier sitio.
Se estremecen en sueños.
Sus patas corren por prados
interminables. Luego abren un ojo y
cobran de nuevo actividad.

El nirvana debe ser muy semejante al sueño
profundo de un cachorro.
Un éxtasis superior a
todas las fantasías oníricas.

PAM BROWN

DESVALIDOS Y SOLOS...

*L*os perros pequeños ante una tienda se
muestran frenéticos,
desesperados o resignados.
O simplemente desdichados.
Observan la puerta.
Y se tornan extasiados a la vista de su dueña.
Saltan, giran, se frotan, husmean
y menean todo lo que es posible menear.
Ella se muestra un tanto turbada
ante tal entusiasmo
pero satisfecha de saber que todo se
arreglará con una pequeña caricia.

MAYA V. PATEL

*N*o tardaré» nada significa para un perro. Todo lo que él sabe es que te has IDO.

JANE SWAN,
DE *CITAS SOBRE PERROS*

¡*L*a más triste imagen en este mundo de pecados es la de un cachorro perdido con el rabo entre las patas!

ARTHUR GUITERMAN

*M*e duele ver a un perro perdido. Estoy tras sus ojos. Me pongo en su lugar. Y siento crecer el pánico.

MARION C. GARRETTY

Los nuevos dueños de perros pequeños están resueltos a mostrarse cordiales, pero firmes, a establecer el orden adecuado, a infundir obediencia. A asegurarse de que el cachorro sepa cuál es su sitio. De verdad. El cuenco de la comida. La cesta. La mantita. El cachorro. Todo en la cocina.

Luego se acuestan, cierran la puerta y, en beneficio del perro, endurecen sus corazones. El cachorro sólo necesita entonces una o dos horas —pero con suerte le bastará con media— de sollozos, gemidos, aullidos, lamentos, lloriqueos, rascar, empujar y derribar cosas antes de verse acurrucado en la cama.

Únicamente por esta noche.
O durante los próximos quince años.

PAM BROWN

Nos perdonan todo

Los animales son unos amigos maravillosos.
No hacen preguntas, ni transmiten críticas.

GEORGE ELIOT (MARY ANN EVANS),
DE *GILFIL'S LOVE-STORY*

El fuerte lazo que nos une a los perros
no radica en su fidelidad, ni en su encanto
ni en ninguna otra cosa semejante sino en el
hecho de que no nos critican.

SYDNEY HARRIS

Nuestros perros querrán y admirarán al más ruin de nosotros y nutrirán nuestra vanidad colosal con su homenaje exento de críticas.

AGNES REPPLIER

El gran placer de un perro sobreviene cuanto te pones en ridículo ante él. No sólo no te censurará, sino que también él se pondrá en ridículo.

SAMUEL BUTLER

CUANDO LA SOLEDAD DESAPARECE

Tener a un ser vivo, conocer su
encanto, sentir cómo late su corazón
en nuestras manos, saber de su
confianza, es comprender
al fin que estamos emparentados.
Es gozar de la vida.
Es perder toda soledad.

* * *

Si los amigos nos fallan, si el teléfono
está mudo y el cartero pasa de largo,
el perro nos tocará una rodilla,
sonreirá y dirá: ¿Qué más da?
Así tenemos más tiempo para estar
juntos. Vamos a dar un paseo.
Hace un día espléndido.

PAM BROWN

Una clase de lenguaje

Miles de generaciones de perros han creído en lo más íntimo de sus corazones que si un día prestaban atención suficiente y se concentraban, llegarían con el tiempo a dominar el lenguaje humano.

MAYA V. PATEL

La mayoría de los perros no piensan que son humanos; saben muy bien que lo son.

JANE SWAN

Nadie como un perro aprecia el genio tan especial de tu conversación.

CHRISTOPHER MORLEY

Un cachorro no conoce palabras.
Sólo oye cariño.
O ira.

* * *

Para que te quiera un gato, has de convertirte en medio gato. Para que te quiera un perro, debes aceptarlo como medio humano.

PAMELA DUGDALE

El perro titubeó un momento, pero luego hizo algunas pequeñas insinuaciones con su rabo. El niño le tendió la mano y lo llamó. Como disculpándose, el perro se acercó, y los dos intercambiaron cordiales caricias y meneos.

STEPHEN CRANE,
DE *A DARK-BROWN DOG*

Me asombra que unas
costillas tan pequeñas como éstas
puedan albergar tan vasto
deseo de complacer.

OGDEN NASH

Un perro es el único ser en esta
tierra que te quiere más
de lo que se quiere a sí mismo.

JOSH BILLINGS
(HENRY WHEELER SHAW)

SERVIDORES,
GUARDIANES, AMIGOS

El gato llegó a la entrada de la cueva.

«Creo que te querré», dijo.

«Te acomodaré a mis costumbres».

El perro llegó a la puerta de la cueva.

«Sé que te quiero», dijo.

«Toma vi vida, mi forma y mi

capacidad y adáptalas como gustes».

HELEN THOMSON

*Los perros, benditos sean,
se comportan según el
principio de que los seres humanos
son frágiles y
requieren muestras incesantes de afecto y
de confianza. El lamido casual de la mano
y el morro peludo sobre el empeine están
concebidos para hacer saber
a su vacilante dueño
que tiene cerca a un amigo.*

MARY MCGRORY

¡PARA TODA LA VIDA!

El perro es muy imprudente.
Jamás se detiene
a averiguar si aciertas o yerras, no le interesa
saber si subes o bajas por la escalera de la vida,
nunca pregunta si eres rico o pobre,
tonto o listo, pecador o santo.
Con buena o mala fortuna,
si tu reputación es excelente
o pésima, si te creen honorable o infame,
seguirá contigo, para consolarte,
protegerte y dar su vida por ti...

JEROME K. JEROME

Ese lazo especial

Los intelectuales se han burlado de la amistad entre el hombre y el perro, condenándola como «sentimental». Mas, a pesar de su propaganda hostil, persiste el lazo de amor entre nuestras dos especies. Gracias a Dios, ni tiranos ni burócratas ni sabelotodos pueden acabar con ese amor.

CELIA HADDON,
DE *FAITHFUL TO THE END*

*Un perro es una oportunidad
de expresarte sin miedo a parecer
estúpido, una posibilidad de compartir
emociones que otros de nuestra clase
muy a menudo rechazan: ternura,
alegría sincera y amor.*

GAIL PETERSEN,
DE *A BOOK OF FRIENDSHIP*

Ese animal cariñoso,
ese maravilloso animal
tendió su largo morro
sobre mi muñeca

y mi muñeca
quedó marcada
con su amor
y su confianza

y las lágrimas en mi mejilla
están allí para que las
lama mientras él y yo
perduremos

ADRIAN MITCHELL

*De acuerdo, no sé cómo utilizar un cajón
para ensuciar ni enterrar la caca en el jardín.
Y sólo puedo ir a la calle con correa.
Y ladro a todo el mundo. Y no me lavo bien.
Y me revuelco en sustancias dudosas.
Y levanto la pata junto a los coches de otras
personas. Y huelo un poco cuando hace calor.
Pero te quiero, te quiero, te quiero,
y seguiré queriéndote hasta el día
en que muera...*

PAM BROWN